LA PRESSE

ET

LA LÉGISLATION

DE 1852

PAR

ÉDOUARD HERVÉ

EXTRAIT DE LA REVUE CONTEMPORAINE

(Livraison du 28 février 1866)

PARIS

BUREAUX DE LA REVUE CONTEMPORAINE

Rue du Pont-de-Lodi, 1

—

1866

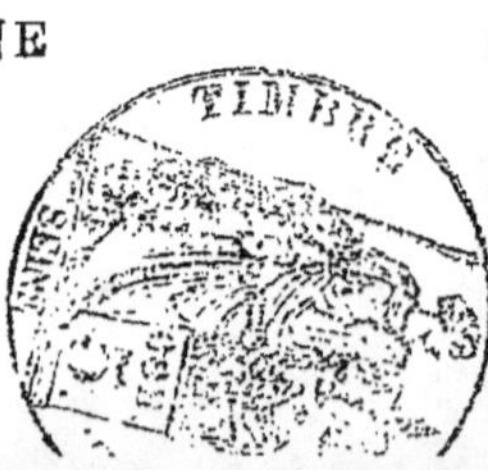

LA PRESSE

ET

LA LÉGISLATION

DE 1852

La législation qui régit actuellement la presse française compte aujourd'hui quatorze années d'existence. Le moment est peut-être venu d'étudier les effets de cette législation et de se demander s'ils ont répondu de tous points à l'attente du législateur de 1852. C'est ce que je vais essayer de faire dans les lignes qui suivent.

Je parlerai d'abord de l'autorisation préalable ; je traiterai ensuite de la juridiction administrative et de la juridiction correctionnelle ; puis, après avoir étudié avec quelque détail la législation fiscale des journaux, je terminerai par de courtes réflexions sur la politique adoptée par le gouvernement en matière de presse et sur les résultats de cette politique.

I

C'est un axiome admis par tout le monde que la société française est la plus démocratique qui soit sur la terre. A ne considérer que ses opinions, je l'admets volontiers. Celui qui viendrait vanter chez nous les charmes du privilége et les bienfaits de l'aristocratie aurait des chances d'être fort mal accueilli. Aussi se garde-t-on bien de nous tenir un langage aussi imprudent. On nous répète chaque jour que les priviléges ont été abattus par la révolution de 1789. On oublie de nous dire qu'ils ont bien vite relevé la tête. Il faut un privilége pour imprimer des livres, un autre privilége pour les vendre dans une boutique, un autre pour les vendre dans la rue ; hier encore, il fallait un privilége pour exercer la modeste profession de boucher ou de boulanger. Toute notre organisation financière et industrielle, en dépit de Turgot et de l'Assemblée constituante, est fondée sur le privilége. En accordant ou en refusant un privilége à telle ou telle de nos grandes compagnies, le gouvernement peut, d'un trait de plume, créer, détruire, déplacer, non pas seulement des fortunes individuelles, mais des fortunes collectives, puissances inconnues à nos pères. Le système de l'autorisation, combiné avec celui des subventions gouvernementales, a donné naissance à une véritable aristocratie financière, qui doit tout au gouvernement, qui pendant quelque temps lui a payé ses bienfaits avec usure, mais qui aujourd'hui est devenue pour lui plus dangereuse qu'utile. La matière est riche et m'entraînerait loin. J'y reviendrai peut-être un jour. Aujourd'hui, je ne veux parler que des priviléges politiques, et dans le nombre, je n'en veux prendre qu'un seul : celui sur lequel est fondée l'organisation de la presse.

Il ne s'agit pas pour moi, dans ce moment, des pénalités plus ou moins rigoureuses qui peuvent frapper les journalistes ; il ne s'agit ni de la répression judiciaire, ni de la répression administrative : j'y reviendrai tout à l'heure. Je ne traite pas, pour l'instant, une question de liberté : je traite une question d'égalité. Il s'agit du droit que le gouvernement a cru devoir se réserver de donner ou de refuser aux journaux l'autorisation de paraître. Une semblable disposition paraîtrait moins extraordinaire sous une constitution fondée sur des principes aristocratiques. On ne s'étonnerait pas de voir un gouvernement qui croirait avoir de bonnes raisons pour restreindre le nombre des électeurs se fonder sur les mêmes motifs pour limiter le nombre des journalistes, et demander des garanties à ceux-ci comme à ceux-là. Mais ce qui se comprend plus difficilement, c'est une organisation aristocratique de la presse à côté d'une organisation démocratique du suffrage. Dès qu'on reconnaît à tous les Français le droit de participer à la rédaction des lois, soit directement par le vote des plébiscites, soit indirectement par la nomination des membres du Corps législatif, comment ne pas leur reconnaître le droit de publier des journaux, c'est-à-dire de donner simplement leur avis sur des questions qu'ils sont appelés à décider en dernier ressort?

Le gouvernement en a jugé autrement. Au moment où il rétablissait dans toute son étendue le suffrage universel, réglementé et limité par la loi du 31 mai, il réglementait à son tour la presse et limitait le nombre des journaux. Il créait ainsi, en faveur de ceux qu'il laissait subsister, ou dont il devait plus tard autoriser la publication, un véritable privilége : un privilége amovible, révocable, mais enfin un privilége. Il faisait plus : il établissait une hiérarchie entre ces journaux, puisqu'il leur interdisait de modifier leurs conditions de publicité sans une nouvelle autorisation. Il résultait de là qu'une barrière presque infranchissable était élevée entre les journaux de province et les journaux de Paris, entre les journaux hebdomadaires ou semi-hebdomadaires et les journaux quotidiens. Il résultait de là que les journaux quotidiens établis à Paris devenaient les grands seigneurs de la presse, les chefs de l'aristocratie nouvelle instituée par le décret du 17 février 1852. Je ne crois pas qu'on me conteste le mot d'aristocratie. Privilége, hiérarchie, ne sont-ce pas là les deux caractères des institutions aristocratiques?

Tout se tient dans un système politique, et l'on ne méconnaît pas impunément le principe sur lequel on s'appuie. La contradiction choquante que je viens de signaler entre l'organisation du suffrage et celle de la presse sous le régime actuel ne devait pas tarder à porter ses fruits. Si l'on songe, en effet, que le droit de réunion, suspendu en France depuis quatorze ans, n'a été appliqué, à l'époque des dernières élections, que sur quelques points de la France et dans une mesure fort restreinte ; que ces *meetings* de la dernière heure ne sauraient fournir à des corps électoraux aussi nombreux que les nôtres la possibilité de se concerter ; que trente-cinq mille électeurs isolés les uns des autres peuvent malaisément se renseigner sur le mérite des candidats qui sollicitent leurs suffrages ; que, par conséquent, lorsqu'ils n'ont pas une entière confiance dans les conseils de leur préfet, ils sont amenés à suivre les avis du journal qui passe chaque jour entre leurs mains, on comprendra l'influence exercée par deux ou trois organes importants de la presse démocratique sur les dernières élections générales et sur les élections partielles qui ont suivi. C'est le gouvernement lui-même qui a créé cette influence. En réservant par privilége à quelques journaux le droit de représenter l'opinion indépendante, il en a fait les grands-électeurs de l'opposition, en même temps qu'il a fait des quatre-vingt-neuf préfets les électeurs du parti gouvernemental. Si le double système des candidatures administratives et du monopole de la presse devait s'éterniser, le suffrage universel deviendrait le plus restreint des suffrages.

On parle souvent de l'influence exercée par l'aristocratie anglaise sur les élections. Il est vrai que sur les quatre cents colléges électoraux qui nomment les six cent cinquante membres de la Chambre des communes, il existe bien encore une vingtaine de bourgs-pourris. Il est vrai que par cette porte sont entrés au Parlement, à côté des hommes d'Etat les plus éminents de l'Angleterre, à commencer par Pitt et par Fox, quelques fils de lords médiocres et ignorants. Il est vrai qu'en dehors des bourgs-pourris proprement dits, quelques grands seigneurs, grâce à leur situation sociale et à leurs relations, peuvent disposer d'un certain nombre de voix dans les pays où ils résident. Mais il ferait beau voir le duc de Devonshire ou le marquis de Londonderry essayer de transformer la Cité de Londres en un vaste bourg-pourri, ou de faire voter à son gré le West-Riding du Yorkshire. L'influence des personnages les plus considérables de l'aristocratie anglaise est bornée aux bourgs les moins peuplés, aux comtés les moins importants. Nos lords du journalisme sont plus heureux ; leur toute-puissance n'est nulle part plus incontestée que dans ces villes riches et populeuses, dont le vote fait autorité et donne à une élection générale son caractère.

Je suis loin de dire que les dépositaires de ce pouvoir exceptionnel approuvent la législation à laquelle ils le doivent ; je sais que la plupart l'ont publiquement blâmée. Je ne recherche pas non plus si les directeurs des grands journaux quotidiens de Paris emploient bien ou mal leur immense influence. Ils l'emploient naturellement, comme les grands seigneurs anglais, à faire prévaloir leurs opinions politiques ou leurs préférences personnelles. Ils font élire leurs amis, leurs collaborateurs ; ils se font élire eux-mêmes. Si leurs choix sont bons, j'y applaudis ; s'ils sont mauvais, je les excuse : la toute-puissance a des entraînements dont il est difficile de se défendre. Si, par hasard, ils étaient ridicules, ce qui n'arrivera jamais, j'en suis convaincu, dans un pays comme la France, j'admettrais qu'ils ont été inspirés par le désir de démontrer d'une manière frappante les vices de tout privilége. C'est ainsi qu'au XVIIIe siècle, lord Camelford, propriétaire d'un bourg-pourri, voulait y faire élire son nègre, pour discréditer l'institution. Encore une fois, je n'examine pas l'usage du privilége. Je me contente d'en constater l'existence et de me demander comment elle peut se concilier avec les principes d'une constitution démocratique.

Je fais une autre réflexion. La pairie anglaise se compose de près de cinq cents personnes. Si elle ne comptait que dix ou douze membres, chacun d'entre eux serait beaucoup plus puissant. Or, nous n'avons guère plus de journaux à Paris ; encore faut-il en réduire le nombre, si l'on ne compte que ceux qui ont une sérieuse influence sur le suffrage universel. Il faut rayer de la liste les journaux catholiques ou légitimistes ; il faut encore enrayer les feuilles officieuses. L'influence de ces dernières ne leur appartient pas en propre, mais au gouvernement. C'est donc entre les mains de trois journaux, de quatre tout au plus, que se concentre la force créée par la législation de 1852, et l'on peut dire que les directeurs de ces journaux, en dépit de nos principes d'égalité, déposent dans l'urne électorale les bulletins par centaines de mille.

On trouve que le régime actuel a été sévère envers la presse. Il a été peut-être encore plus imprudent que sévère. Il la craignait, cette force que tous les gouvernements redoutent et que tous rendent plus redoutable par les mesures que leur inspire leur effroi ; il la craignait, lorsqu'elle était répartie entre cinquante journaux dispersés, divisés, acharnés les uns contre les autres. Il lui a donné, en voulant l'affaiblir, l'unité et la concentration qui lui manquaient. Quelqu'un a comparé sa conduite à celle de ces chevaliers du moyen âge qui, avant de combattre un ennemi, l'armaient de toutes pièces, pour se donner le plaisir de triompher avec plus de difficulté et plus de gloire. Peut-être, en imitant ces généreux chevaliers, avait-il la conviction que les adversaires qu'il se choisissait ne le combattraient qu'à armes courtoises, comme au temps des tournois.

Courtoise ou non, l'arme est redoutable ; elle l'est d'autant plus qu'elle est placée dans un moins grand nombre de mains. Le gouvernement doit aujourd'hui le savoir. Ce ne sont pas, assurément, des ennemis bien impitoyables que la *Presse*, le *Siècle* ou l'*Opinion nationale ;* et pourtant l'échec qu'ils ont infligé dans Paris aux candidats de l'administration n'a pas pu ne pas être vivement ressenti.

Les dernières élections générales, du reste, ont donné, à ce point de vue, d'utiles leçons à tout le monde. Le gouvernement connaît maintenant la portée du décret du 17 février 1852. Les journaux que nous venons de citer connaissent leur force, et, aux prochaines élections générales, ce ne seront pas neuf députés seulement qu'ils feront nommer. Quant aux autres journaux, privilégiés comme eux, mais privilégiés moins riches et moins puissants, ils ont appris qu'à lutter contre eux il y avait autant de chances de succès qu'il y en aurait eu au XIIe siècle, pour un simple banneret qui aurait voulu déclarer la guerre au duc de Bourgogne ou au comte de Toulouse.

C'est bien, en effet, une puissance nouvelle qui s'est révélée dans ces mémorables journées du 31 mai et du 1er juin 1863 : puissance fondée sur le privilége, créée par la législation, et qui n'a rien de commun avec cette presse des Etats-Unis ou de l'Angleterre, produit spontané et reflet naturel de l'opinion. Sous le régime de l'égalité et de la libre concurrence, la presse reçoit l'impulsion du pays ; car toute opinion qui n'est pas représentée trouve aussitôt un organe, et tout organe qui ne représente pas une opinion est condamné à périr. Sous le régime du privilége, au contraire, c'est la presse qui donne l'impulsion au pays.

Un des plus fidèles serviteurs du second Empire semble avoir soupçonné le danger que recèle cet état de choses pour le gouvernement lui-même. Dans la dernière circulaire que M. de Persigny adressait aux préfets avant de quitter le ministère, il se plaignait en termes amers de la manière dont le suffrage universel s'était laissé conduire dans quelques villes. M. de Persigny, qui a si bien vu le mal, avait eu, pendant la durée de son ministère, le remède entre les mains. Il suffisait de multiplier les autorisations de journaux, ou, mieux encore, de supprimer complétement la nécessité de l'autorisation. Le suffrage des grandes villes alors aurait été livré complétement à lui-même, et il aurait été impossible de douter de la sincérité de ses décisions. On aurait pu l'accuser encore de se mal conduire, mais non pas de se laisser conduire.

II

Tout le monde a pu remarquer comme moi que les questions relatives à la situation de la presse et à la législation qui la régit reprennent, depuis quelque temps, une importance qu'elles avaient perdue, et provoquent un intérêt qu'elles n'étaient plus habituées à exciter. Malheureusement, on ne prend pas toujours ces questions du meilleur côté ; c'est ainsi qu'on se préoccupe des dispositions répressives plus que des dispositions préventives ; c'est ainsi qu'on s'élève plus vivement contre l'avertissement, la suspension et la suppression, que contre l'autorisation préalable, le droit de timbre et le droit de poste, qui sont trois ennemis bien plus dangereux pour la liberté de la presse.

J'ai à peine besoin de rappeler que, pendant la dernière discussion de l'Adresse, un des amendements qui ont réuni le plus de voix avait pour but de demander la suppression du système des avertissements, et le remplacement de la juridiction administrative par la juridiction correctionnelle en matière de presse. J'ai applaudi et j'applaudis encore aux intentions libérales des auteurs de l'amendement ; j'ai applaudi surtout à l'excellent discours prononcé dans cette occasion par l'honorable M. Martel ; j'ai éprouvé une agréable et consolante surprise en voyant, pour la première fois depuis longtemps, la presse traitée avec bienveillance et avec équité par des hommes qu'on ne peut accuser ni d'une hostilité systématique contre le régime impérial, ni d'un goût exagéré pour les idées ultra-démocratiques.

Il faut, selon moi, féliciter sincèrement l'honorable M. Martel et ses amis de l'initiative qu'ils ont prise dans cette occasion et de l'utile discussion à laquelle leur amendement a donné lieu, même lorsqu'on n'est pas complétement d'accord avec eux (et c'est le cas dans lequel je me trouve) sur la question spéciale qu'ils ont soulevée devant la Chambre.

Cette question était remise tout récemment sur le tapis par deux journaux importants à des titres divers, par *le Siècle* et par *l'Impartial dauphinois*. La feuille libérale de Grenoble, par l'organe de M. Maisonville, son principal rédacteur, se prononçait dans le même sens que l'honorable M. Martel et les autres auteurs de l'amendement dont je viens de parler. Comme eux, elle demandait que la presse fût soustraite à la juridiction du ministère de l'intérieur et livrée exclusivement aux juges ordinaires, si toutefois on peut appeler juges ordinaires, en pareille matière, les juges correctionnels. M. Havin, au contraire, dans *le Siècle*, après avoir rappelé avec raison que, dans un pays libre, le jury est le juge naturel de la presse, déclarait que, tout compte fait, il préférait encore la juridiction administrative à la juridiction correctionnelle.

L'Impartial dauphinois est un des meilleurs organes de cette vaillante presse de province, qui a pris depuis quelque temps une si grande et si légitime importance ; je fais grand cas de son opinion en toute circonstance, comme de l'opinion de *la Gironde*, du *Sémaphore de Marseille*, du *Phare de la Loire*, de *la France centrale*, du *Progrès de Lyon*, du *Salut public*, du *Mémorial des Deux-Sèvres*, etc. ; je suis heureux lorsque mon sentiment s'accorde avec le sien ; et dans l'article même auquel je fais allusion, il y a plus d'un passage que je signerais volontiers des deux mains. J'ai au contraire le malheur d'être rarement d'accord avec *le Siècle*, et je me suis vu plus d'une fois obligé de le combattre. Et pourtant, dans la question spéciale qui m'occupe en ce moment, je ne suis pas de l'avis de *l'Impartial dauphinois ;* j'aurai le courage de le dire, je suis de l'avis du *Siècle*.

Je ne compare pas les hommes, je compare les institutions. Je ne recherche pas si le ministère de l'intérieur a pour habitude de sévir plus ou moins rigoureusement que les tribunaux correctionnels. Je n'ai jamais compris les hommes d'Etat qui disaient : « le jury ne condamne pas assez. » Je ne comprendrais pas davantage un journaliste qui dirait : « La juridiction administrative condamne moins que la juridiction correctionnelle, je préfère la juridiction administrative. » Ce ne sont pas des garanties de clémence ou de sévérité, ce sont des garanties de justice qu'on doit demander à un juge.

Ces garanties, est-il besoin de le dire, je ne les trouve réunies complétement ni dans la juridiction administrative ni dans la juridiction correctionnelle ; et ce n'est aucun de ces deux systèmes que je choisirais s'il m'était permis de choisir. Mais, hélas ! je n'en suis pas là. Je ne suis pas convié à dire quel est le système que je préférerais à tous les autres. Tout au plus m'est-il permis de me prononcer entre deux systèmes inégalement défectueux, de choisir le moindre de deux maux, ou du moins d'indiquer quel est celui que je choisirais si j'avais voix au chapitre.

Je sais tout ce qu'on peut dire contre la juridiction administrative en matière de presse. J'ai eu et j'aurai peut-être encore quelque jour l'occasion d'en exposer les graves défauts, dont le principal est l'absence d'une instruction suffisante et d'un débat contradictoire entre l'accusé et son accusateur, qui se trouve être en même temps son juge. Mais ces défauts sont compensés, au moins en partie, par un avantage que je ne saurais trouver dans la juridiction correctionnelle. La supériorité dont je parle n'a, du reste, rien d'offensant pour les juges correctionnels; elle tient uniquement à ce que le ministre de l'intérieur est un grand personnage.

Le ministre de l'intérieur, dis-je, est un grand personnage, ou s'il ne l'est pas, il le devient par ce seul fait qu'il est appelé au ministère de l'intérieur. Dès lors tous ses actes ont un immense retentissement, non-seulement en France, mais sur tous les points du monde civilisé. Les mesures de rigueur qu'il a l'occasion de prendre contre la presse (mesures auxquelles son nom, et son nom seul, demeure attaché) après avoir été l'entretien de la France et de l'Europe, sont colportées dans toutes les parties du globe et nous reviennent, au bout de six mois, consignées dans les journaux de Melbourne ou de San-Francisco.

Il est impossible, je le crois du moins, de ne pas sentir peser sur soi une certaine responsabilité morale, lorsqu'on se trouve placé dans une situation si exposée à tous les regards, lorsqu'on est investi d'un pouvoir dont l'étendue est si considérable et l'exercice si public. On a beau dire que cette responsabilité morale n'a aucune sanction en dehors de la conscience de celui sur qui elle pèse. Qui donc ignore, après tant d'expériences faites sous nos yeux, que les affaires de presse sont aujourd'hui les affaires les plus délicates pour un ministre de l'intérieur, et que celui qui les traiterait avec légèreté serait sûr de ne pas rester longtemps ministre ?

Comparez maintenant à cette juridiction, d'autant plus responsable qu'elle est plus élevée et plus personnelle, la juridiction modeste, collective et pour ainsi dire anonyme de la police correctionnelle. Encore une fois, ce ne sont pas les hommes dont je parle ici, ce sont les institutions. Les magistrats français, je le sais, sont intègres, honnêtes, consciencieux. Mais ce n'est pas d'après leur conscience qu'ils doivent juger, c'est d'après un texte de loi inflexible, dont ils n'ont pas le droit de s'éloigner. Ils ne peuvent pas (et M. Havin l'a fort bien fait remarquer), ils ne peuvent pas tenir compte, même quand ils le voudraient, des considérations de pure équité, considérations décisives en matière de presse, considérations dont le juré ou le fonctionnaire de l'ordre administratif peut et doit tenir compte. Enfin ils sont trois, et si par hasard le public connaît leurs noms, il ignore lequel d'entre eux a fait pencher la balance du côté de l'acquittement ou de la condamnation ; tandis qu'en présence de ce juge unique qui s'appelle le ministre de l'intérieur, le doute n'est pas possible : un seul homme décide, un seul homme répond de ses décisions devant le public, juge suprême et sans appel en matière de presse.

Ah ! si les tribunaux nous offraient, au lieu de la responsabilité anonyme et collective dont je viens de parler, la responsabilité vraie, la responsabilité individuelle ; si, au lieu de trois modestes juges, renouvelés chaque année par un roulement à peine remarqué du public, nous avions le juge anglais, le juge qui siége quelquefois pendant vingt ans à la même place, le juge dont le nom est connu , dont les arrêts sont discutés d'un bout à l'autre du pays, le juge qui n'a que quinze égaux et à peine un seul supérieur dans toute l'Angleterre ; si à côté de ce juge nous avions douze jurés dont l'unanimité, et non pas la simple majorité, fût nécessaire pour décider qu'un de nos écrits est contraire aux lois ou à la morale; si par conséquent la protestation d'une seule conscience convaincue ou même hésitante suffisait pour empêcher de prononcer une condamnation à la légère, alors, alors seulement, nous parlerions de juridiction ordinaire, et nous demanderions sans hésiter qu'on nous renvoyât devant les tribunaux.

Il y a cependant un point sur lequel il est impossible de ne pas être de l'avis de l'*Impartial dauphinois*. La feuille libérale de Grenoble a raison de demander que le gouvernement se décide enfin à choisir entre les deux systèmes qu'il met tour à tour en pratique. C'est surtout en matière de répression que le cumul devrait être interdit. Depuis quatorze ans que le gouvernement expérimente concurremment la juridiction correctionnelle et la juridiction administrative, il doit savoir laquelle lui paraît la plus efficace et la plus équitable. Quant à moi, je l'avoue, mon choix est fait, mon goût est fixé. La juridiction administrative relève de l'opinion ; la juridiction correctionnelle n'en relève pas. Tant que durera un semblable état de choses, je préférerai le plus mauvais des ministres de l'intérieur aux trois meilleurs juges de la police correctionnelle.

III

Une réforme bien plus urgente, à mon sens, que la substitution de la juridiction correctionnelle à la juridiction administrative, ce serait le remaniement de la législation fiscale qui régit aujourd'hui la presse. L'impôt du timbre et le droit de poste, tels qu'ils sont présentement organisés, constituent, selon moi, un des obstacles les plus considérables qui s'opposent, non-seulement à la prospérité de la presse française, mais à sa liberté. Le gouvernement rendrait service aux journaux et se rendrait service à lui-même (j'essayerai du moins de le démontrer), en modifiant l'assiette de ces deux impôts ; il pourrait le faire d'autant plus facilement, que, dans cette circonstance, il ne se donnerait pas un démenti à lui-même. Le décret du 17 février 1852 n'a guère fait qu'adopter à cet égard le système établi par la loi de 1850, en y introduisant quelques légères modifications.

Ce système est loin d'être équitable, surtout en ce qui concerne le timbre. Une feuille de soixante-douze décimètres carrés supporte un droit de timbre de six centimes. L'usage s'étant établi en France de vendre quinze centimes un numéro de journal quotidien, on voit que l'impôt du timbre absorbe à lui seul 40 p. 0/0 du prix de vente du journal. Quelle est l'industrie qui se trouve frappée d'un impôt aussi considérable ? L'honnête bourgeois qui achète son journal quinze centimes et qui souvent, à ce prix, le trouve encore trop cher, a-t-il quelquefois réfléchi au poids écrasant d'un tel impôt ? Que dirait-il si l'Etat percevait 40 p. 0/0 de la valeur brute des produits de son industrie ou des objets dont il fait commerce ?

L'impôt est donc excessif dans sa quotité. Il est en outre vexatoire dans son mode de perception. Le droit de timbre se perçoit, non pas sur chaque numéro *vendu*, mais sur chaque numéro *imprimé*. Je fais imprimer trois mille exemplaires d'un journal, je n'en vends que deux mille ; je n'en paye pas moins un impôt énorme sur les mille exemplaires qui restent entre mes mains. C'est donc un impôt qui, contrairement à toutes les maximes de la saine économie politique, vient frapper la production au lieu de frapper la vente du produit. Qu'on adopte un pareil système lorsque la vente d'un produit est difficile à constater, passe encore. Mais quoi de plus facile à constater que le chiffre auquel s'élève la vente d'un journal timbré? Quoi de plus facile que de restituer à l'administration de chaque journal le droit perçu sur les numéros invendus, à charge pour elle de livrer ces numéros pour être mis au pilon? Il ne serait même pas nécessaire de restituer effectivement aux journaux les sommes perçues; il suffirait d'ouvrir à chaque journal un compte qui se réglerait tous les quinze jours ou toutes les semaines. La dépense ne serait pas grosse pour l'administration du timbre; elle serait insignifiante surtout en comparaison des bénéfices énormes que les journaux donnent à l'Etat.

Ce n'est rien encore que le chiffre exagéré de l'impôt du timbre; ce n'est rien que son mode de perception vexatoire et inique; il y a quelque chose de plus grave encore et de plus funeste : c'est son défaut de proportionnalité. Je paye six centimes de timbre pour un journal d'une surface de soixante-douze décimètres carrés. Mais si je veux faire un journal de quarante-huit, de trente-six, de vingt-quatre décimètres carrés, je paye encore et toujours six centimes. Pourquoi ne pas me faire payer un centime pour une surface de douze décimètres carrés, deux centimes pour vingt-quatre décimètres, trois centimes pour trente-six décimètres, et ainsi de suite? Dira-t-on ici encore que le contrôle serait difficile? Il ne serait pas plus difficile que pour un journal de soixante-douze décimètres carrés. Le contrôle, en réalité, ne s'exerce pas tous les jours. Une fois qu'un journal aura choisi un format, il n'en changera pas tous les matins, et surtout il n'aura pas la sotte et ridicule idée de chercher à tromper l'administration du timbre sur la grandeur de son format. En fait, le contrôle serait aussi facile dans ce nouveau système que dans le système actuel, d'autant plus que le seul format usuel, en dehors du format de soixante-douze décimètres carrés, serait, selon toute probabilité, le format de trente-six décimètres carrés, payant trois centimes de timbre.

Vous n'êtes pas au bout, mon cher lecteur, des bizarreries et des injustices du système actuel. Non-seulement je ne paye pas un droit plus faible pour un journal de moins de soixante-douze décimètres carrés; mais si, à ma feuille de soixante-douze décimètres, je veux ajouter une demi-feuille ou un quart de feuille, je paye le droit de timbre à raison de un centime et demi par fraction de dix décimètres et au-dessous; de telle sorte que pour une fraction de trente-six décimètres carrés, je paye six centimes; de telle sorte que pour un journal d'une feuille et demie, je paye douze centimes, exactement comme pour un journal de deux feuilles.

Voici, du reste, un petit tableau qui montre d'une manière saisissante les inconséquences et les irrégularités du système que je combats :

Format du journal.	Droit de timbre.
Une feuille de soixante-douze décimètres carrés..	6 cent.
Une feuille un quart............................	9
Une feuille et demie...........................	12
Une feuille trois quarts.......................	15
Deux feuilles.................................	12

On voit que si quelqu'un avait l'idée de faire un journal mesurant une feuille trois quarts, soit cent vingt-six décimètres carrés, il devrait payer un droit de timbre plus considérable que pour faire un journal de deux feuilles, c'est-à-dire de cent quarante-quatre décimètres carrés.

Pour être juste, je dois rappeler que, par une disposition spéciale, les suppléments contenant les débats des Chambres sont exempts du droit de timbre.

Il résulte du système que je viens d'exposer qu'en fait le format de soixante-douze décimètres carrés devient, pour tous les journaux, à la fois un *maximum* et un *minimum*. On n'a pas d'intérêt à le réduire, puisqu'on payerait le même impôt. On n'a pas la possibilité de l'agrandir, puisque dès qu'on arrive à une feuille et demie on paye tout de suite un impôt double. Tous les journaux sont donc taillés sur le même patron; tous sont faits pour les mêmes bourses et adressés aux mêmes classes de la société. Point de journaux légers, portatifs, d'un prix peu élevé et d'une lecture rapide. Rien que le lourd et pâteux journal jaugeant vingt-quatre colonnes de texte et cent cinquante mille lettres d'impression ; le journal qui se vend quinze centimes au public, qui en coûte vingt-cinq à son propriétaire, et qui est obligé par conséquent de demander aux annonces le complément de recettes que le public ne lui donne pas. Impossible, en fait, sinon en droit, de faire un journal ni plus petit, ni plus grand, ni plus cher, ni meilleur marché. Encore une fois, quelle est l'industrie qui se trouve placée dans de pareilles conditions ? où sont, lorsqu'il s'agit de la publication et de la vente des journaux, où sont les fameux principes de Turgot sur la liberté du commerce ? où sont les fameuses déclarations de l'Assemblée constituante ?

IV

Le droit de poste soulèvera de ma part moins de critiques que l'impôt du timbre. D'abord, le droit de poste n'est pas seulement un impôt, c'est en même temps et surtout, la rémunération d'un service. On peut discuter la valeur et le prix de ce service, surtout lorsqu'il s'agit des correspondances privées : l'administration des postes réalisant des bénéfices considérables, on peut se demander, par exemple, s'il ne serait pas à la fois équitable et habile de sa part de réduire la taxe de la lettre simple à un taux uniforme de dix centimes pour toute l'étendue de la France. Voilà, à mon sens, la première réforme à établir dans le service des postes. M. Emile de Girardin, qu'il faut toujours citer en pareille matière, l'a dit avec raison, tant qu'une lettre de dix grammes paye vingt centimes de port, un journal, qui pèse quarante grammes, n'a pas à se plaindre de payer quatre centimes de port. Dans l'état actuel des choses, les journaux, il faut le déclarer avec M. de Girardin, sont plus favorisés que les correspondances privées. Sans doute la faveur dont ils jouissent se comprend jusqu'à un certain point, puisqu'ils sont pour la poste de gros clients et des clients réguliers ; mais enfin, en présence des vingt centimes de port que paye la lettre simple, le journal n'a pas à se plaindre du droit qui pèse sur lui : un centime de port pour dix grammes de poids, ce n'est pas exorbitant.

Malheureusement, le journal ne paye pas un centime pour un poids de dix grammes, il paye quatre centimes pour un poids de quarante grammes, ce qui est bien différent. Je retrouve ici le système injuste et incommode que j'ai déjà signalé lorsqu'il s'agissait du timbre. Le droit de poste ne se divise pas plus que le droit de timbre, au moins pour les quarante premiers grammes. Je fais un journal qui pèse quarante grammes, je paye quatre centimes pour le faire transporter à l'autre extrémité de la France ; je fais un journal qui ne pèse que vingt grammes, je paye toujours quatre centimes. Encore une fois, pourquoi ne pas diviser le droit de poste proportionnellement au poids du journal? Pourquoi? Parce que le législateur a voulu sans doute, par une idée essentiellement démocratique, rendre le prix des journaux inaccessible aux petites bourses.

Comptons bien, en effet : six centimes de timbre et quatre centimes de poste, voilà dix centimes par numéro, soit trente-six francs par an, qu'il faut tout d'abord prélever sur l'abonné de province, et trente-six francs sont une bien autre somme en province qu'à Paris. Combien y a-t-il de gens, dans les petites localités, qui puissent consacrer trente-six francs par an à une dépense qui n'a pas un caractère d'absolue nécessité? Mais, de ces trente-six francs payés par l'abonné, pas un centime n'entre dans la caisse du journal ; il faut pourtant acheter le papier, payer la composition, le tirage, l'administration, la rédaction, entretenir au loin des correspondances coûteuses ou subir le coûteux monopole d'une agence privilégiée. Pour faire face à tous ces frais, que reste-t-il? Demandez-le à *l'Avenir national*, qui a voulu, pendant quelque temps, se donner à ses abonnés de province au même prix qu'à ceux de Paris. Il lui restait seize francs par an sur chaque abonnement. C'était donc un impôt de 70 p. 0/0 que payait, à titre de droit de timbre ou de droit de poste, chaque numéro envoyé en province. Pour être juste, il faut reconnaître que la proportion est ordinairement un peu moins forte. *Le Temps*, par exemple, *l'Époque* ou *la France* ne payent pas plus de 60 p. 0/0 à l'Etat sur chaque numéro envoyé en province.

Cependant, le droit de poste, je l'ai déjà dit, soulève moins d'objections que le droit de timbre. Au delà du poids de quarante grammes, le droit de poste devient proportionnel ; chaque supplément de dix grammes ne paye qu'un centime de port. Mais cet avantage reste illusoire, grâce au système établi pour le timbre. Une feuille de soixante-douze décimètres carrés de surface, pesant environ quarante grammes, paye six centimes de timbre et quatre centimes de port, en tout, dix centimes ; si j'y ajoute un supplément d'une feuille, je paye encore dix centimes, en tout, vingt centimes, rien de plus simple. Mais je veux n'ajouter à ma première feuille qu'un supplément d'une demi-feuille. Très bien, me dit la poste, votre supplément ne pèse que vingt grammes, je ne vous demande que deux centimes. Mais l'administration du timbre me tient un tout autre langage : « Votre supplément, me dit-elle, n'a que trente-six décimètres carrés ; n'importe, il me faut six centimes, comme pour la première feuille de soixante-douze décimètres. » Bref, pour faire un journal d'une feuille et demie, je paye dix-huit centimes, tandis que je ne paye que vingt centimes pour faire un journal de deux feuilles, et dix centimes pour faire un journal d'une feuille. Il est clair comme le jour que je ne ferai jamais de journal d'une feuille et demie. Qui perd à ce système ? Moi, sans doute, puisque je ne puis essayer d'une combinaison qui réussirait peut-être. Mais le gouvernement n'y perd-il pas aussi, lui qui toucherait un droit de timbre et un droit de poste sur mes suppléments d'une demi-feuille, s'il ne me mettait pas dans l'impossibilité d'essayer de la combinaison dont il s'agit ?

Je reviendrai du reste tout à l'heure sur ce dernier point ; j'essayerai de montrer l'intérêt considérable qu'aurait le gouvernement à réformer toute la législation fiscale de la presse. Dans ce moment, je ne considère que l'intérêt des journaux et du public qui les achète et qui les lit. Eh bien, il est évident que la combinaison de l'impôt du timbre et du droit de poste, tels qu'ils sont aujourd'hui établis, condamne l'industrie des journaux à l'immobilité la plus complète. Il n'y a pas, il n'y a jamais eu, dans aucun temps ni dans aucun pays, une industrie placée dans de telles conditions d'existence. Par le fait, il est impossible de faire deux journaux qui diffèrent autrement que par leurs opinions politiques. Supposez que, par l'effet d'une législation bizarre, les marchands de soieries soient obligés de ne faire que des étoffes d'une même qualité et d'un même prix, dont la couleur seule différerait : voilà justement la situation où se trouve aujourd'hui l'industrie des journaux. Le format de soixante-douze décimètres carrés, le prix de quinze centimes pour Paris et de vingt centimes pour la province, je l'ai dit déjà et je crois l'avoir prouvé, se trouvent être à la fois un *maximum* et un *minimum*. Un journal fondé depuis longtemps, comme le *Journal des Débats*, peut maintenir son ancien prix ; mais, pour les journaux nouveaux, la nécessité est fatale, elle est impérieuse. Tant que durera la législation actuelle sur le timbre et sur la poste, il ne se fondera que des journaux à quinze centimes, pesant quarante grammes et mesurant soixante-douze décimètres carrés. Quinze centimes et soixante-douze décimètres carrés, c'est trop pour les pauvres gens, c'est trop peu pour les gens riches. Le prix ordinaire, normal, d'un numéro de journal politique devrait être de dix centimes pour la petite bourgeoisie, de cinq centimes pour l'ouvrier ou le paysan. Quant aux lecteurs riches, quant à ceux qui, sans être riches, sont obligés, par profession, de se tenir au courant des choses de la politique, de la littérature et de l'art, pour lesquels, par conséquent, un journal n'est pas un simple moyen de distraction, mais un indispensable instrument de travail, quant à ceux-là, ce ne serait pas trop, à leurs yeux, que de payer vingt-cinq ou trente centimes un journal exactement renseigné et soigneusement rédigé. En même temps que des différences de prix et de format, s'établiraient des différences dans la manière de rédiger les journaux. On ne verrait pas pêle-mêle des articles qui, évidemment, ne peuvent pas convenir aux mêmes lecteurs. Chaque journal chercherait son public. Dans l'état actuel des choses, rien de semblable. Chaque journal, étant obligé de satisfaire le goût de tout le monde, ne satisfait le goût de personne. Il y a à Paris quinze journaux politiques qui vivent sur le même public, et, pendant ce temps, il y a peut-être en France quinze publics différents qui manquent de journaux. Voilà l'état de choses qu'il s'agit de changer. Le gouvernement gagnerait à ce changement plus encore peut-être que les journaux et le public ; c'est ce qu'il me reste à montrer.

V

Jusqu'ici, dans mes observations au sujet du droit de timbre et du droit de poste, je n'ai considéré que l'intérêt des journaux. Mais il y a un autre intérêt qui se trouve engagé dans la question. Il y a un personnage qui est plus intéressé à la prospérité des journaux que n'importe quel directeur, propriétaire ou actionnaire de journal : ce personnage, c'est l'Etat.

L'Etat est la plus grosse partie prenante au budget de chaque journal ; l'Etat, par le fait, a des actions de jouissance dans la propriété de tous les journaux politiques ; sans y avoir mis un centime, il touche sa part de bénéfices avant tout le monde ; il ne la touche pas sur les revenus nets, il la touche sur les revenus bruts. Mieux encore, un journal peut n'avoir pas de recettes et vivre de sacrifices ; pourvu qu'il vive, pourvu qu'il dure, pourvu qu'il ait un tirage quelconque, l'Etat touche sa part de bénéfices. L'Etat, au point de vue fiscal, est donc intéressé : 1° à ce qu'il y ait beaucoup de journaux ; 2° à ce que les journaux arrivent à un tirage élevé.

Je ne sais si M. le ministre de l'intérieur verse des larmes chaque fois qu'un journal vient à mourir de mort violente ou naturelle, mais je suis convaincu que son collègue, M. le ministre des finances, n'a pas vu sans quelque regret disparaître, par exemple, un journal comme la *Nation*. La *Nation*, lorsqu'elle s'est vue obligée de suspendre sa publication, avait été portée, par le savoir-faire et le talent de son rédacteur en chef, M. Léonce Dupont, à un tirage de six mille exemplaires environ. N'en mettons, si l'on veut, que cinq mille. Ne tenons pas compte du droit de poste, qui ne représente pas intégralement un bénéfice net pour l'Etat ; ne comptons que le droit de timbre de six centimes par exemplaire. Nous disons six centimes par exemplaire, six francs pour cent exemplaires, soixante francs pour mille exemplaires, et trois cents francs pour cinq mille exemplaires. Voilà donc une petite recette de trois cents francs par jour, de neuf mille francs par mois, de cent huit mille francs par an ; recette régulière, d'une perception peu coûteuse et d'une rentrée facile. La *Nation* disparaît : l'Etat perd cent mille francs par an.

Si la législation fiscale de la presse n'était pas ce qu'elle est, si le droit de timbre était divisible, M. Léonce Dupont aurait peut-être réduit le format et le prix de son journal. Il aurait fait un journal d'une demi-feuille, ne payant que 3 centimes de timbre et ne contenant que la moitié du texte d'un journal ordinaire. Peut-être, par cette nouvelle combinaison, aurait-il prolongé l'existence de son journal ; peut-être l'aurait-il sauvé. Sans doute, l'Etat n'aurait touché que trois centimes par exemplaire, soit cent cinquante francs pour cinq mille exemplaires. Mais ne valait-il pas mieux conserver une recette de cent cinquante francs par jour et de cinquante mille francs par an, que de perdre intégralement cette jolie rente de cent mille francs par an que M. Léonce Dupont servait très régulièrement à M. le ministre des finances ?

Qui ne sait, d'ailleurs, que le plus souvent, lorsqu'on réduit le taux d'un impôt, on en augmente le produit ? Qui ne sait que cette loi, vraie pour la plupart des impôts de consommation, s'applique surtout aux impôts qui atteignent une consommation aussi variable que celle des journaux ? Lorsqu'on réduit les droits qui frappent le café ou le chocolat, on ne peut pas compter sur un accroissement considérable de recettes, parce que la consommation de ces deux produits est limitée par la nature des choses et par les habitudes alimentaires de la population. Mais la consommation des journaux n'est limitée que par leur prix, et ce prix lui-même est réglé par le taux de l'impôt du timbre. En réduisant le droit de timbre de moitié on quadruplerait, selon toute apparence, la consommation des journaux, et l'on doublerait par conséquent, de ce chef, les recettes du trésor public.

Mais je n'en demande pas tant. Je ne demande pas qu'on réduise le droit de timbre : je demande tout simplement qu'on le rende divisible et proportionnel. Au lieu de faire payer six centimes pour une feuille de soixante-douze décimètres carrés, qu'on fasse payer un centime pour chaque surface de douze décimètres carrés. Alors un journal, en se fondant, ne sera pas obligé d'adopter le format coûteux des journaux actuels ; il pourra proportionner ses dimensions et son prix aux goûts et aux convenances de son public ; il pourra imaginer des combinaisons qui lui permettent d'arriver promptement à faire ses frais, soit en abaissant son prix pour atteindre à un tirage élevé, soit au contraire en élevant son prix pour pouvoir se contenter d'un tirage peu considérable. On va voir tout de suite quelles seraient les conséquences, non plus fiscales, mais politiques, de ce simple changement.

Dans l'état actuel des choses, les journaux quotidiens, écrasés par le droit de timbre, par le droit de poste et par les dépenses du coûteux format qu'ils sont tous obligés d'adopter, ne vivent que des annonces. Or l'annonce d'aujourd'hui n'est plus seulement la modeste et peu embarrassante annonce d'il y a trente ans, l'annonce du drapier de la rue Saint-Denis ou de l'épicier de la rue des Lombards. Une partie, et une partie notable des annonces, est entre les mains de puissantes compagnies financières, qui peuvent avoir intérêt, dans certaines circonstances, à contrecarrer tel ou tel projet politique ou financier du gouvernement. Est-il bien sage, est-il bien prudent d'avoir placé la presse dans une telle situation, qu'il dépende de certaines compagnies d'enrichir ou de ruiner, de sauver ou de perdre un journal important, rien qu'en lui donnant ou en lui retirant ses annonces ?

Ce n'est pas tout. Pour que les annonces deviennent productives, il faut un tirage de dix à douze mille exemplaires : tirage considérable, que le succès lui-même ne donne pas tout de suite. Pour attendre ce tirage, et pour supporter, en attendant, les frais considérables imposés à un journal quotidien par la législation actuelle, il ne faut pas dépenser moins d'un million. Entre le capitaliste qui place un million dans un journal, et l'écrivain qui n'y apporte que son talent, si brillant que soit ce talent, le partage de l'autorité sera nécessairement fort inégal. Les journaux aujourd'hui ne sont plus entre les mains de la rédaction ; ils sont entre les mains du capital. Ce seul fait, bien connu de tous ceux qui s'occupent d'affaires de presse, suffit pour renverser toute la législation de 1852, ou du moins pour lui faire manquer le but qu'elle se proposait d'atteindre.

Qu'a voulu, en effet, le législateur de 1852 en matière de presse ? Il a voulu ne confier le droit de fonder et de diriger les journaux qu'à des écrivains connus de lui et autorisés par lui. Il a voulu se réserver la faculté de leur retirer, dans certaines circonstances et suivant certaines formes, le privilége, redoutable suivant lui, dont il consentait à investir ces quelques écrivains soigneusement triés. C'est bien là, je crois, le système de l'autorisation préalable, complété par les suspensions et les suppressions. Je n'examine pas en ce moment si ce système est bon ou mauvais : je le prends tel qu'il a été conçu par le législateur.

Eh bien, soit, vous accordez un petit nombre d'autorisations, et vous en refusez un nombre beaucoup plus considérable. Vous choisissez avec soin les gérants et les rédacteurs en chef. Vous faites une enquête sur leur passé et sur leur présent ; vous vous trompez quelquefois sur leur avenir, mais n'importe ; vous les connaissez enfin, ou vous croyez les connaître. Mais le capital ? Ah ! le capital, vous savez peut-être ce qu'il est le jour de la fondation d'un journal, mais savez-vous ce qu'il sera trois mois après ? Et si, par l'effet de votre législation fiscale, c'est le capital qui est le véritable maître d'un journal, que vous sert de connaître, de choisir, d'autoriser le rédacteur en chef ? Vous hésiterez à accorder à M. Weiss ou à M. Labbé, à M. Clément Duvernois ou à M. Edouard Hervé l'autorisation de fonder un journal. Mais vous avez établi et vous maintenez une législation qui livre la plupart des journaux à la merci du Crédit Mobilier, du Comptoir d'Escompte ou de telle autre compagnie financière ; une législation qui met tous les prétendants et tous les candidats à la présidence de la République (si en effet il y a des candidats à la présidence de la République et des prétendants) en état de se procurer toutes les autorisations qu'ils voudront, sans vous en demander une seule. Qu'auriez-vous dit de Tarquin, si, en respectant les pavots de son jardin, il avait employé sa fameuse baguette contre les brins d'herbe qui couvraient le sol ?

Vous parlez sans cesse des anciens partis ; c'est vous qui les perpétuez, ces anciens partis ; c'est vous, du moins, qui mettez entre leurs mains les armes les plus terribles dont ils peuvent se servir contre vous. Toute votre législation sur la presse, toute votre politique électorale ou administrative est combinée de manière à faire vivre, durer, prospérer ces anciens partis, qui sont votre épouvantail, et de manière à empêcher la formation de partis nouveaux, qui ne demandent qu'à avoir leur place au soleil. Vous vous croyez habiles parce que vous avez fermé toutes les avenues de la politique à ceux qui veulent penser par eux-mêmes ; et en effet, vous n'avez dans la politique active, outre vos propres disciples, échos dociles de votre pensée, que les disciples et les échos des gouvernements déchus. Vous vous croyez forts, parce que vous dites : tout ce qui n'est pas avec nous est contre nous, au lieu de dire : tout ce qui n'est pas contre nous est avec nous. Vous avez réussi, en effet : tout ce qui n'est pas avec vous, ou presque tout, est dans ce moment contre vous, et la France est divisée en deux camps. Si d'aventure, entre ces deux camps, il se trouve quelques indociles qui n'aiment pas à s'enrégimenter et qui ont la prétention de penser et de marcher tout seuls, c'est devant leurs pas que vous multipliez les obstacles ; c'est contre eux que vous faites toutes vos lois, qu'est dirigée toute votre conduite politique. Et vous ne vous êtes peut-être jamais demandé quelle force de volonté, quel parti-pris de modération inaltérable et de patience obstinée il faut qu'il y ait chez eux, pour qu'ils ne se soient pas jetés depuis longtemps, comme tout les y conviait et comme vous les y poussiez vous-mêmes, dans les rangs de vos irréconciliables ennemis.

Paris. — Imprimerie de DUBUISSON et Ce, rue Coq-Héron, 5.

25